Dieses Heft gehört:

NAME:

____

KLASSE:

____

Unsere Stadtrallye führt dich vom Marienplatz zum Karlstor.
Unterwegs gibt es viel zu sehen und zu entdecken.
Für die ganze Rallye brauchst du zwei bis drei Stunden Zeit, einen Stift und vielleicht ein Fernglas.
Unsere Symbole begleiten dich auf deiner Entdeckungsreise:

? Rätseln, suchen, Leute fragen!

Lösung eintragen!

Suchspiel: Jetzt schau genau hin!

Das Münchner Kindl erzählt dir Münchner Sagen & Legenden.

Übrigens: Die Lösung aller Rätsel & Fragen findest du auf Seite 28.

Wir wünschen dir viel Spaß!

Wie alles begann …

Man geht davon aus, dass, bevor alles begann, bereits Mönche oberhalb der Isar lebten – in der Nähe des heutigen Marienplatzes. So entstand wahrscheinlich der Name „München“, abgeleitet von „apud munichem“, was so viel heißt wie „bei den Mönchen“.

Vom ältesten Münchner Kindl …

… zum heutigen Stadtwappen.

Und so kommt es auch, dass im Münchner Stadtwappen ein Mönch zu sehen ist. Dieser Mönch wurde im Laufe der Zeit, durch eine immer andere Art der Darstellung, zum „Münchner Kindl“.

Du musst mal darauf achten, wo das „Münchner Kindl“ überall zu finden ist. Z. B.: Tram, Bus, Gullideckel …

Hier hast du Platz, deine eigenen Beobachtungen aufzuschreiben:

Mit Herzog Heinrich dem Löwen und der Stadtgründung im Jahre 1158 beginnt die offizielle Geschichte Münchens. Weißt du, wie Heinrich der Löwe zu seinem Namen kam? Man erzählt sich folgende Geschichte:

HEINRICH DER LÖWE „Eines Tages ritt Herzog Heinrich durch einen dunklen Wald. Plötzlich hörte er ein mächtiges Fauchen und Brüllen. Als er näher kam, sah er, wie ein Löwe mit einem Drachen kämpfte. Gebannt beobachtete er den gewaltigen Kampf. Obwohl der Löwe sich tapfer wehrte, gewann der Drache langsam die Oberhand. Da entschloss sich Herzog Heinrich, dem Löwen zu helfen, und gemeinsam besiegten sie den riesigen Drachen. Seitdem wich der Löwe nicht mehr von Heinrichs Seite und begleitete ihn überallhin."

Es war auch Heinrich der Löwe, der bei der kleinen Mönchssiedlung eine Brücke über die reißende Isar baute – etwa an der Stelle der heutigen **Ludwigsbrücke** beim Deutschen Museum.

Dann zerstörte er die wenige Kilometer entfernte Isarbrücke der mächtigen Freisinger Bischöfe und leitete so den lukrativen Salzhandel ausschließlich über seine Brücke.

Aus der kleinen Siedlung bei den Mönchen „apud munichem" entwickelte sich schnell das Dorf „München".
Denn Heinrich der Löwe verlegte auch den Markt von Freising nach München und erteilte das Zoll- und Münzrecht.

Du kannst dir sicherlich vorstellen, dass es zwischen Heinrich dem Löwen und Bischof Otto von Freising reichlich Ärger gab.
Deshalb gingen beide zu Kaiser Friedrich Barbarossa, und der fällte folgenden Schiedsspruch:

Urteil

Herzog Heinrich der Löwe darf alle Rechte behalten, muss aber ein Drittel aller Einnahmen aus Markt, Zoll und Münze an den Bischof von Freising abgeben.

Kaiser Friedrich Barbarossa
14. Juni 1158

Das Urteil wurde am **14. Juni 1158** durch Kaiser Friedrich Barbarossa beurkundet. Dieses Datum gilt als Gründungsdatum Münchens.

Um die Münchner zu schützen, ließ Herzog Heinrich 1175 eine Stadtmauer bauen. Um die Stadtmauer herum verlief ein Wassergraben.
Das Wasser dafür wurde von den Seitenarmen der Isar abgeleitet. Diesen ältesten Stadtkern nennt man „Heinrichsstadt".

Platz der heutigen Frauenkirche

Marienplatz

Platz der heutigen Peterskirche

Wenn du den „Stadtplan" von damals mit dem heutigen vergleichst, erkennst du mehrere markante Punkte, die das Zentrum Münchens immer noch prägen – sogar manche Straßen gibt es noch.

Auf die Plätze … fertig … los!

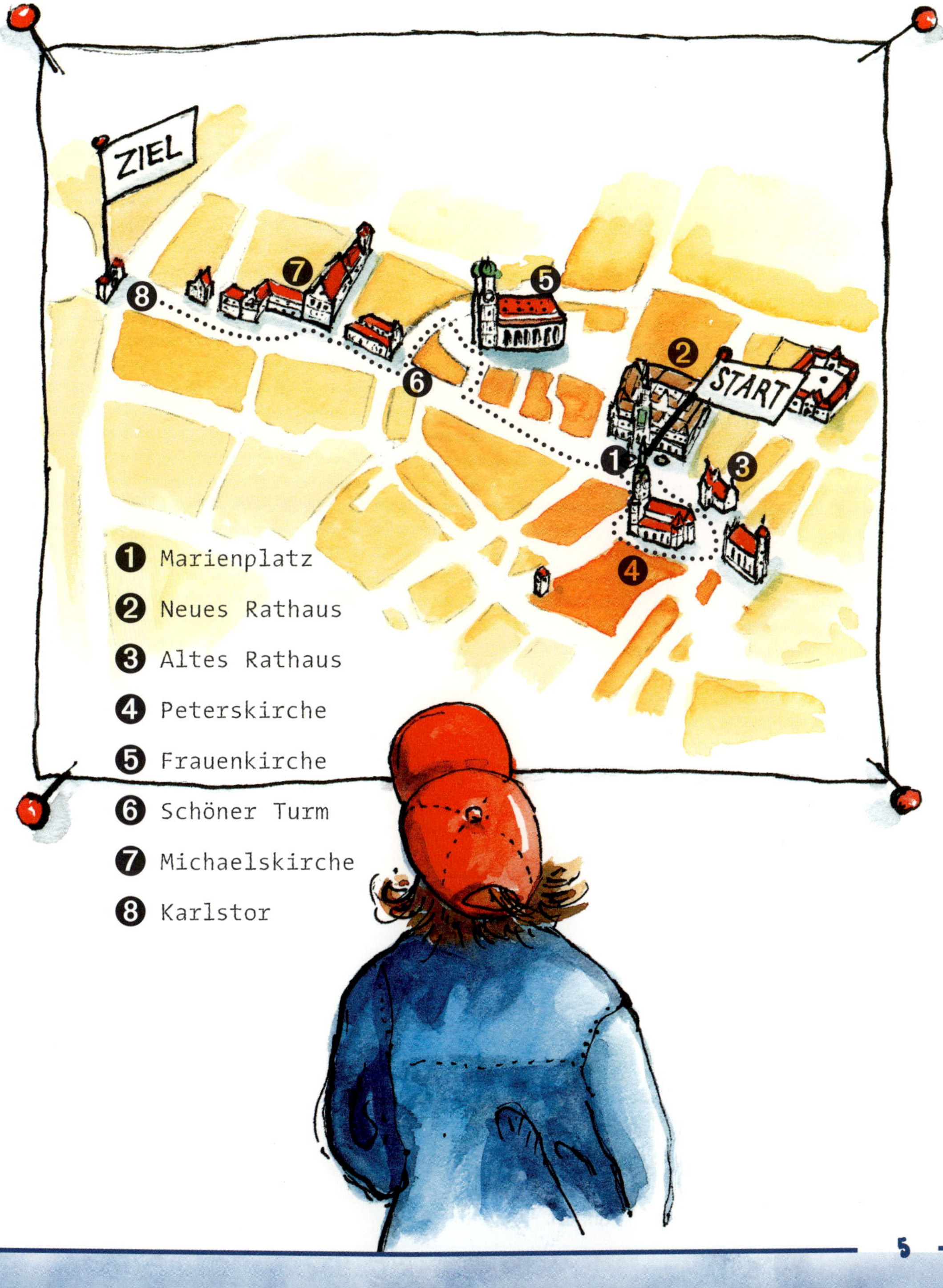

Stadtrallye

Die Stadtrallye beginnt im Herzen von München – auf dem **Marienplatz**.
Schau dich erst mal in Ruhe um. Und dann geht es los.

Beginnen wir mit der **Mariensäule**. Sie steht hier seit etwa 370 Jahren. Von ihr hat der Marienplatz seinen Namen. Die Engelchen zu Füßen der Statue kämpfen gegen die vier Hauptübel der damaligen Zeit:

- Drache = Hunger
- Löwe = Krieg
- Basilisk = Pest
- Schlange = Unglaube

Die Mariensäule gilt auch für den Straßenverkehr als Münchens Mitte. Denn von hier aus werden die Kilometerangaben von und nach München gemessen.

Das große Gebäude mit den vielen Arkaden und dem hohen Turm ist das **Neue Rathaus**. Den Turm muss man sich näher anschauen.

? Er ist 80 m hoch, und ganz oben auf der Spitze steht eines der Münchner Wahrzeichen. Weißt du, wie es heißt?

_ Ü _ _ _ _ _ _   _ _ _ _ _

Turmöffnungszeiten:

Mai–September: Mo–Fr 9–19 Uhr
Sa, So, Feiertage 10–19 Uhr
Ende Oktoberfest–April:
Mo–Do 9–17 Uhr, Fr 9–13 Uhr

Mit einem Lift kannst du auf den Turm hochfahren. Durch die Rundbögen über der Rathausuhr hat man einen tollen Blick über München.

Unter der Uhr siehst du das weltberühmte **Glockenspiel**. Es findet täglich um 11 Uhr und um 12 Uhr statt. Die oberen Figuren zeigen Ritterspiele, die unteren den Schäfflertanz (Seite 25). Übrigens – die 32 Figuren sind lebensgroß.

Achte auf die halbrunden Fenster unterhalb des Glockenspiels. Abends um 21 Uhr erscheint hier das **Münchner Kindl**. Es wird von einem Engel und einem Nachtwächter ins Bett gebracht!!!
Und im ersten Stock – allerdings rechts vom Turm – auf dem langen Balkon winken die Spieler vom FC Bayern München beim Pokalgewinn ihren Fans.

Wenn du jetzt auf den Turm willst, gehst du durch das Tor unten im Turm. Den Lift findest du links im Durchgang.

Im Durchgang zum Lift begegnen dir einige „Münchner Kindl“. Wenn du sechs entdeckst, bist du gut!!

Hier im Neuen Rathaus arbeitet auch der jetzige Bürgermeister. Frage nach, in welchem Stockwerk!

Oben angekommen, genieße erst mal die Aussicht auf München. Such dann die Gebäude zu den Punkten 1 – 14. Die Tafeln an der Balustrade helfen dir. Was du bereits entdeckt hast, kannst du abhaken.

- ☐ **1.** Altes Rathaus
- ☐ **2.** Sankt Peter (Alter Peter)
- ☐ **3.** Frauenkirche
- ☐ **4.** Olympiaturm
- ☐ **5.** Theatinerkirche (St. Kajetan)
- ☐ **6.** Siegestor/Ludwigstraße mit Universität und Ludwigskirche
- ☐ **7.** Monopteros/Englischer Garten
- ☐ **8.** Nationaltheater/Oper
- ☐ **9.** Residenz
- ☐ **10.** Maximilianeum
- ☐ **11.** Michaelskirche
- ☐ **12.** Müllersches Volksbad
- ☐ **13.** Deutsches Museum
- ☐ **14.** Labyrinth

Auf dem Foto siehst du das Labyrinth. Schau hinunter zum Innenhof des Rathauses, vielleicht hast du Glück und kannst es sehen. Falls nicht gerade Schnee darauf liegt oder Stühle, Tische und Schirme die Sicht versperren.

Bestimmt erkennst du, welche Gebäude unsere Skizzen darstellen. Schreibe dazu, wie sie heißen.

Hast du alles entdeckt und dich satt gesehen? Dann vergiss nicht, dich ins „Turm-Gästebuch" einzutragen! Du findest es neben dem Lift.

Und weiter geht es. Also, wieder hinunter und zum **Alten Rathaus**. Hier stand früher das Talbrucktor – eines der Stadttore in Münchens erster Stadtmauer.

? Finde heraus, was heute im Turm des Alten Rathauses ist.

? Wenn du jetzt durch das Tor gehst, steht links eine große **Bronzefigur**. Wie heißt sie?

Auf dem Dach des Hauses Marienplatz 16 sitzt eine **Katze**. Hast du sie gefunden?

Weiter geht es – die Treppe hinauf – zum **„Alten Peter"**, Münchens ältester Kirche. Wenn du oben bist, bleib doch gleich mal stehen und such die kleine Kanonenkugel, die angeblich die Schweden bei ihrem Angriff vor fast 400 Jahren abgefeuert haben. Unser Foto hilft dir, sie zu finden.
Über die Peterskirche gibt es natürlich viel zu erzählen. Am besten gehst du jetzt um die Kirche herum, bis du den Kirchturm siehst. Dann lies weiter.

Falls du eine kleine Rast brauchst – ein schönes Plätzchen dafür findest du auf der Terrasse neben dem Café Rischart – sogar mit Blick auf den Viktualienmarkt!

Rindermarkt 1, Öffnungszeit der Kirche: täglich von 7–18 Uhr
Öffnungszeit des Turms: Mo–Sa 9–18 Uhr, So 10–18 Uhr

! In der Peterskirche finden vormittags viele Gottesdienste statt. Bitte Rücksicht nehmen.

Die Peterskirche ist Münchens älteste Pfarrkirche und ebenfalls eines der Münchner Wahrzeichen. Sie bestand schon vor 1158 – also vor der Gründung der Stadt durch Heinrich den Löwen.

Der Kirchturm ist 91 Meter hoch und besitzt eine Aussichtsgalerie mit Turmstube.
Der Turmwächter hatte auch damals schon den besten Blick über die Stadt. So konnte er bei Feuer oder einem Angriff rechtzeitig Alarm schlagen.

Aber, schau genau, ist die Kirchturmspitze nicht ein bisschen schief?

DIE PETERSKIRCHE UND DER TEUFEL

„Du weißt ja, dass der Teufel keine Kirchen mag. Der Peterskirche hat er schon öfter übel mitgespielt. Beim letzten Mal ließ er den Blitz einschlagen, so dass beide Türme abbrannten. Aber seine Freude darüber hielt nicht lange an. Denn die braven Münchner Bürger stifteten alle einen „Peterspfennig“ und bauten einen neuen Turm. Weil es ihn so sehr ärgerte, kam er eines Nachts mit seinen Unterteufeln und den Sturmwinden wieder. Gemeinsam zerrten und rüttelten sie an der Turmspitze, um den Kirchturm erneut nieder zu reißen. Aber sie hatten nicht mit dem mutigen Turmwächter Heinz gerechnet. Der holte schnell das große Holzkreuz aus seiner Turmstube, und nach langem Ringen gelang es ihm, die Teufel zu verjagen. Seitdem ist die Kirchturmspitze ein bisschen schief.“

? Zähle die Uhren am Kirchturm!
Es sind einige!

? Für den Fall, dass du beim nächsten Ausflug auch von diesem Turm schauen möchtest, frage nach, wie viele Treppenstufen zur Plattform führen. Hier gibt es nämlich keinen Lift!!

Im Innern der Kirche ist der lebensgroße Heilige Petrus besonders sehenswert. Du findest ihn direkt auf dem Hochaltar. Prächtig gestaltet, sitzt er auf dem Thron unter einem Baldachin. Die Figur ist bereits über 500 Jahre alt. Geschaffen hat sie Erasmus Grasser, ein Meister der Holzschnitzkunst.

Der beeindruckende Hochaltar wurde von Egid Quirin Asam gestaltet – allerdings erst gute 200 Jahre später.

DIE PAPSTKRÖNUNG VON MÜNCHEN

„Der Heilige Petrus trägt auf seinem Haupt die Papstkrone, die sogenannte Tiara. Wenn der römische Papst stirbt, nimmt der Pfarrer des „Alten Peter" diese Krone ab. Erst wenn ein neuer Papst in Rom gekrönt wird, bekommt die Petrus-Statue die Papstkrone erneut aufgesetzt. So hat München seine eigene Papstkrönung."

Unsere Rallye führt wieder zurück zum Marienplatz und weiter in das Getümmel der Kaufingerstraße. Nach kurzer Zeit musst du rechts in die Liebfrauenstraße und kommst direkt zu Münchens weltbekanntem Wahrzeichen – der **Frauenkirche**.

Frauenplatz 1, Öffnungszeit:
täglich von 7–19 Uhr
Turmöffnungszeit:
April–Oktober: 10–17 Uhr

Mach doch eine kleine Pause auf dem Platz vor der Kirche. Hier kannst du in Ruhe die Geschichte über den „Teufelstritt" lesen und bereits erfahren, wonach du die Augen offen halten musst.

? Die Türme sind fast 100 Meter hoch. Der rechte Turm hat eine Aussichtsterrasse und einen Lift. Die Münchner haben ihnen sogar Namen gegeben. Frage nach, wie sie heißen!!

|_|_|_|_|_|_| UND |_|_|_| |_|_|_|_|_|_|

? Auch die „Kirchturmspitzen" haben einen besonderen Namen. Wie sagt man zu ihnen?

|_|_|_|_|_|_|_| |_|_|_|_|_|_|

Kannst du dir vorstellen, wie groß die Uhren sind? Die Ziffern sind 1 Meter hoch, die kleinen Zeiger 2,80 Meter, die großen 3,80 Meter.

Zur damaligen Zeit war die Frauenkirche ein gigantisches Bauvorhaben. Allein für das Dach benötigte man etwa 2.000 Baumstämme. Die Bauzeit von „nur" 20 Jahren war Rekordzeit. Der Baumeister hieß Jörg von Halsbach, auch genannt Jörg Ganghofer.

DER TEUFELSTRITT „Man erzählt, dass sich der Baumeister mit dem Teufel verbündet hat, damit der Bau zügig vorangeht. Allerdings forderte der Teufel für seine Hilfe, dass Jörg von Halsbach die Kirche ohne Fenster baue. Denn er dachte: Niemand geht in eine Kirche ohne Fenster. Sollte sich der Baumeister an diese Vereinbarung nicht halten, bekäme der Teufel seine Seele. Als die Frauenkirche fertig war, sah der Teufel viele Menschen in die Kirche gehen und freudig wieder herauskommen. Natürlich glaubte er, der Baumeister habe ihn betrogen. Deshalb ging er zu ihm und forderte seine Seele. Meister Jörg aber führte den Teufel genau an die berühmte Stelle im Vorraum der Kirche. Der Teufel sah sich um, entdeckte kein einziges Fenster im Kirchenraum und stampfte voller Wut so fest mit dem Fuß auf, dass du noch heute den Abdruck im Boden sehen kannst.“

Stell dir vor: Die Frauenkirche bietet Platz für 20.000 Menschen, allerdings nur, wenn sie stehen.

Hauptportal ············➤

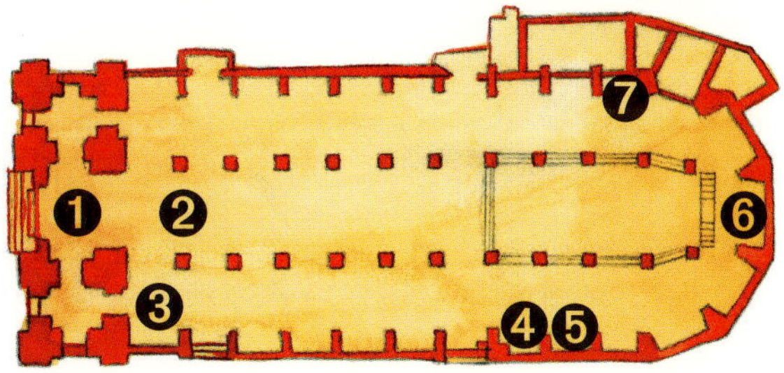

Egal welchen Eingang du in die Kirche nimmst, der Grundriss hier wird dir sicherlich helfen, bei deinem Rundgang alles zu finden.

Beginne im Vorraum der Kirche und suche zuerst den **Fußabdruck des Teufels** ❶. Bleibe dort stehen, und prüfe die Geschichte mit den Fenstern nach. Früher war der Innenraum der Kirche anders gestaltet, so dass auch das Chorfenster verborgen war. Aber alle Seitenfenster – wie du siehst – werden auch heute noch von den Stützpfeilern verdeckt.

Diese Stützpfeiler:
Geh näher heran und wandere mit deinen Augen die Pfeiler empor. Da, wo die Sternrippen für das Gewölbe anfangen, siehst du bunte Punkte. Und beim genauen Hinschauen erkennst du viele **kleine Gesichter** ❷.
Das sind die Handwerker, die beim Kirchenbau geholfen haben!!

Das prunkvolle **Grabdenkmal** ❸ gleich rechts ist für Kaiser Ludwig den Bayern. Sein Nachfahre, Kurfürst Maximilian I., ließ es vor fast 400 Jahren so aufstellen.

Sehen die lebensgroßen Ritter nicht eindrucksvoll aus?

Viele der wertvollen Kirchenschätze und Kunstwerke wurden der Frauenkirche von wohlhabenden Münchner Bürgerfamilien gestiftet. Meistens schmückten sie damit ihre Seitenkapellen. Die Künstler hatten oft den Auftrag, die ganze Familie auf dem Kunstwerk darzustellen.

So auch beim **Pütrich-Fenster** ❹ in der Taufkapelle. Es wurde von der reichen Salzhändlerfamilie Pütrich gestiftet. Im unteren Teil des Fensters kniet die Pütrich-Familie neben ihrem Wappen mit dem Salzfass und betet.

? Hast du sie gefunden?

In der nächsten Seitenkapelle siehst du den Schutzheiligen von München. Es ist der **Heilige Benno** ❺.
Die silberne Büste mit Bischofsstab und Bischofsmütze, der sogenannten Mitra, stellt ihn dar.
Im Sockel dieser Büste werden seine Reliquien – also die Überreste der Gebeine eines Heiligen – aufbewahrt. Seinen Bischofsstab siehst du in der Glasvitrine.

Welche zwei ungewöhnlichen Dinge hält der Heilige Benno vor sich? Du findest sie auch als Symbol im schmiedeeisernen Tor der Seitenkapelle wieder!

_ _ _ _ _ UND _ _ _ _ Ü _ _ _ _

Was die Symbole bedeuten, erzählt dir die folgende Geschichte:

DER HEILIGE BENNO „Um das Jahr 1000 war der Heilige Benno Bischof von Meißen. Leider zerstritt er sich mit dem Kaiser und musste deshalb die Stadt verlassen. Damit der Kaiser während seiner Abwesenheit nicht die wertvollen Kirchenschätze stehlen konnte, schloss er einfach die Kirche ab und warf den Schlüssel in die Elbe. Nachdem er sich mit dem Kaiser wieder versöhnt hatte, kehrte Benno nach Meißen zurück. Dort angekommen, hatte er großen Hunger. Deshalb ging er in ein Wirtshaus und bestellte sich einen Fisch. Und stell dir vor, im Bauch des Fisches fand er den Kirchenschlüssel.“

Jetzt wartet die **„Schutzmantelmadonna“** ❻ auf dich. Das Gemälde hängt in der Chorhauptkapelle. Die Gittertore der Kapelle sind mit vielen Rosen geschmückt.
Die „Schutzmantelmadonna“ wurde vor etwa 500 Jahren von der Familie Sänftl in Auftrag gegeben und der Frauenkirche gestiftet.

Der Künstler hieß Jan Pollack.
Er musste die ganze Familie malen – Vater, Mutter und 13 Kinder.

Du entdeckst sie unten rechts im Bild.

In einer der nächsten Seitenkapellen findest du drei beeindruckende **Männergestalten** ❼. Der prächtige Ritter auf dem Drachen ist der Heilige Georg. Der schwarze Ritter ist der Heilige Rasso und den Heiligen Christophorus hast du vielleicht selbst schon erkannt.

? Bevor du die Kirche verlässt, gehe in den Mittelgang und wirf einen Blick auf die riesige Orgel. Schätze, wie viele Pfeifen sie hat:

Wieder an der frischen Luft gehst du durch die Augustinerstraße zurück in die Fußgängerzone. Jetzt heißt es: Augen auf!! Gerade hier gibt es viel zu sehen und zu entdecken.

An der Stelle, wo du wieder auf die Fußgängerzone triffst, stand früher der **Schöne Turm**. Direkt vor dem Hirmer-Haus wurden die Umrisse des Turmes aus dunklen und roten Pflastersteinen verlegt. So kann man nachvollziehen, wo er früher stand. Der Schöne Turm war eines der Stadttore in der ersten Stadtmauer. Schau doch mal zum Alten Rathaus – so „groß“ war München zur Zeit der ersten Stadtmauer. Leider wurde der Turm vor etwa 200 Jahren abgerissen, da seine Durchfahrt für den wachsenden Verkehr zu eng wurde. An einer der Säulen des Hirmer-Hauses findest du eine Bronzetafel mit der Abbildung des Schönen Turmes.

Und an der Ecke des Hauses siehst du einen Mann mit einer schweren Last auf dem Rücken. Er trägt den:

_ _ _ Ö _ _ _   _ _ _ _

DER GOLDSCHMIED IM SCHÖNEN TURM

„Im Schönen Turm hatte einst ein Goldschmied seine Werkstatt. Eines Tages brachte ein reicher Edelmann ein wertvolles Schmuckstück und gab ihm den Auftrag, davon eine Kopie zu fertigen. Der Goldschmied machte sich an die Arbeit. Während einer Mittagspause ließ er das Fenster zur Werkstatt geöffnet. Als er zurückkam – Schreck lass nach –, war das Schmuckstück verschwunden. Alle Beteuerungen seiner Unschuld blieben ungehört. Er wurde zum Tode verurteilt. Einige Zeit später wurden am Schönen Turm Reparaturen vorgenommen. Dabei entdeckte der Handwerker das Nest einer Elster. Und was, glaubst du, fand er in ihrem Nest? Genau, das Schmuckstück!“

So, wenn du bis hierher gekommen bist, gibt es erst mal ein dickes Lob. Bravo, gut gemacht! Das heißt, wenn du willst, kannst du die Rallye hier beenden. Aber solltest du noch „Power" haben, geht es weiter bis zum Karlstor!

Vergiss nicht, dem **Wildschwein** die Schnauze zu streicheln. Es bringt dir Glück!!

Machst du weiter? Super!! Dann gehst du jetzt besser auf die andere Straßenseite, damit du das **Fischerei- und Jagdmuseum** besser in Augenschein nehmen kannst. Bevor es nämlich zum Museum wurde, war es die Augustinerkirche.

? Weißt du, was ein Wolpertinger ist? Im Schaukasten außen am Museum sind meistens einige ausgestellt!

Gleich stößt du auf die nächste Kirche – die **Michaelskirche**.
Sie wurde vor über 400 Jahren für den Jesuitenorden erbaut. Mit einer Breite von 20 Metern und einer Höhe von 28 Metern hat sie – nach dem Petersdom in Rom – das zweitgrößte Tonnengewölbe der Welt.

Öffnungszeiten:
täglich von 8–19 Uhr

Eine kleine Geschichte erzählt, dass die Münchner nach Beendigung des Baus nicht in die Kirche gehen wollten. Sie hatten Angst, dass ihnen das Deckengewölbe auf den Kopf fällt. Da hat man in die Kirche eine Kanone gestellt und abgefeuert. Das Gewölbe hielt stand, und die Münchner gingen seitdem auch in diese Kirche.

Die meisten Figuren in den Nischen der Fassade stellen bayerische und deutsche Herrscher dar. In einer der Nischen steht der Bauherr der Michaelskirche, **Herzog Wilhelm V.**, mit dem Kirchenmodell.

Hast du ihn gefunden?

Die Bronzeskulptur zwischen den Eingangsportalen zeigt den **Erzengel Michael**. Er besiegt gerade den Teufel.

In der **Fürstengruft** findest du unter vielen anderen auch das Grabmal des bayerischen „Märchenkönigs“ König Ludwig II.

Öffnungszeiten der Fürstengruft:

Mo–Fr	9.15–16.45 Uhr
Sa	9.15–14.45 Uhr

Der riesige Gebäudekomplex um die Kirche ist das Jesuitenkolleg. Sogar ein Gymnasium für fast 1.500 Schüler befand sich darin.

Schräg gegenüber steht das **Augustiner-Brauhaus** – Münchens älteste Brauerei.

Auf dem Dach sitzen vier Löwen.

Findest du sie alle?

Die nun letzte Kirche in der Neuhauser Straße ist der **Bürgersaal** mit seiner Unter- und Oberkirche. Wenn du magst, schau hinein. Dich erwarten zwei Kirchenräume auf einmal – einer unten und einer oben.

Kurz vor dem Ziel bietet das Kaufhaus Oberpollinger * noch eine Überraschung.

? Was siehst du auf seinem rechten und linken Dachgiebel?

ZWEI H _ _ _ _ _ S S _ _ _ _ _ _

* Übrigens, an diesem Platz stand früher die Brauerei der Familie Pollinger.

Im Brunnen rechts vor dem Karlstor liefern sich der Wassergeist und das Buberl eine Wasserschlacht. Für das **„Brunnenbuberl"** erhielt der Künstler Mathias Gasteiger mehrere Goldmedaillen.

Dass das Buberl nackt ist, stört heute keinen mehr. Aber als der Brunnen damals – 1895 – auf dem Stachus aufgestellt wurde, regten sich die Leute mächtig auf.
Stell dir vor: Die Frauen, deren Männer Mitglied im Sittlichkeits-Verein waren, strickten dem Brunnenbuberl immer wieder ein Höschen und zogen es ihm an.

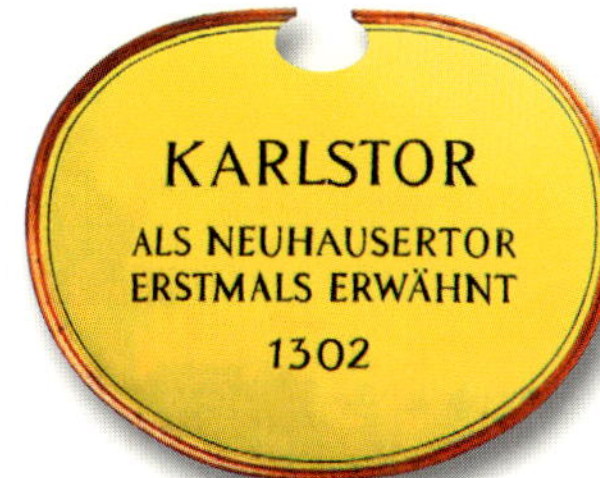

Jetzt bist du am endgültigen Ziel deiner Stadtrallye – am **Karlstor**.
Das Karlstor war ebenfalls ein wichtiges Tor in der zweiten Stadtmauer.

Unter dem mittleren Tor schauen vier Köpfe auf dich hinunter.
Diese Vier kannte früher jeder in München. Wohl der netteste von ihnen war der Liebesbriefträger. Wie hieß er?

? _ _ _ _ _ _ _ _   S _ _ _ _ _ _

Dann gab es noch den „Baron Sulzbeck“; er war der Hofkapellmeister im Hofbräuhaus. Der dritte war der „Hofnarr Prangerl“. Und der „Franz Xaver Krenkl“ war der Lohnkutscher, der – obwohl es verboten war – die Kutsche des Königs überholte und dabei rief:
„Wer ko, der ko!“ (Wer kann, der kann!)

Unsere letzte Frage lautet: Wie hieß das Karlstor früher – vor dem 1. Mai 1791? Die Antwort findest du am Tor!

? _ _ _ _ _ _ _ _ _   _ _ _

Namensgeber für das Karlstor und den Karlsplatz (Stachus) war das „Scheusal aus der Pfalz“. So nannten die Münchner ihren ungeliebten Kurfürsten Karl Theodor.

Tipps

Mit der Tram zum Englischen Garten

Wie wäre es mit einer gemütlichen Tramfahrt zum Englischen Garten und einem Spaziergang zum Chinesischen Turm? Die Fahrt dauert etwa 15 Minuten und führt dich durchs Gärtnerplatzviertel und das Lehel.

Einsteigen: Haltestelle Stachus, Gleis 2, Linie 17, Richtung Effnerplatz,
Aussteigen: Tivolistraße

Stadtmuseum

Wenn du noch mehr über München erfahren möchtest, solltest du ins Stadtmuseum gehen.

St.-Jakobs-Platz 1, **Öffnungszeiten:** Di–So 10–18 Uhr

Sonne, Mond und Sterne

Du liegst bequem in deinem Sessel, die Kuppel über dir ist 10 Meter hoch, das Licht geht aus, der Sternenprojektor geht an und schon beginnt die live moderierte Reise durch den Weltraum.

PLANETARIUM Forum am Deutschen Museum, Museumsinsel 1, Reservierung unter
Telefon: (089) 211 25-180

Kostenlose Dampferfahrt

Mit einer „sehr gut“ im Versetzungszeugnis darfst du in den Sommerferien auf allen bayerischen Seen kostenlos Dampfer fahren. Zeugnis mitbringen!

Veranstaltungskalender

In „Kitz“, dem kostenlosen Stadtmagazin für Kinder und Eltern, findest du jede Menge Tipps und Infos, was in München und Umgebung so passiert.

Das Heft erscheint alle zwei Monate – Februar, April, Juni, August … Es liegt an vielen Stellen aus. Ganz bestimmt bekommst du es in deiner Stadtbücherei und bei der Stadtinformation im Münchner Rathaus.

Münchner Sammelsurium

Einwohner pro km²:
etwa 4.241

Gesamtfläche des Stadtgebietes:
31.040 ha / 310,40 km²

Durchschnittliche Höhe:
530 m über NN

Länge der Isar im Stadtbereich:
13,7 km

Aussichtspunkte

- Bavaria – Theresienhöhe
- Frauenkirche (Südturm) – Frauenplatz
- „Monopteros" – Englischer Garten
- Neues Rathaus – Marienplatz
- Olympiaturm – Olympiapark
- Paulskirche – Schwanthalerhöhe
- Peterskirche – Rindermarkt

Einwohnerzahlen

Jahreszahl		Einwohnerzahl
2002	➜	1.315.254
1987	➜	1.242.000
1977	➜	1.300.000
1957	➜	1.000.000
1945	➜	568.000
1940	➜	840.000
1900	➜	490.000
1870	➜	163.000
1854	➜	100.000
1800	➜	40.000
1700	➜	24.000
1650	➜	17.000
1600	➜	20.000
1500	➜	13.000
1462	➜	12.000
1369	➜	10.000
1180	➜	2.500

Münchner Sammelsurium

Die höchsten Bauwerke

Olympiaturm:	290 m
Schlot des Dampfkraftwerkes, Isartalstraße:	175 m
„Uptown Munich“:	146 m
Hypo-Bank, Verwaltungsgebäude:	114 m
Frauentürme:	
nördlicher Turm	98,57 m
südlicher Turm	98,45 m

Der Olympiaturm

Der Olympiaturm ist mit seiner Höhe von 290 m Deutschlands dritthöchster Fernsehturm nach dem Berliner „Telespargel“ mit 365 m und dem Stuttgarter „Europaturm“ mit 331 m. In 190 Metern Höhe gibt es eine Aussichtsplattform und ein Drehrestaurant (53 Minuten/Umdrehung). Die Aufzüge bringen dich mit einer Geschwindigkeit von 7 m/s nach oben.

Biergärten

Die Stadt München hat etwa 130 Biergärten mit insgesamt wohl 120.000 Sitzplätzen.
Der Hirschgarten mit 8.000 Plätzen ist der größte.

Münchner Sammelsurium

Die Schäffler

Die Schäffler, die Zunft der Fassmacher, haben in München eine ganz besondere Bedeutung. Auch heute noch wird alle sieben Jahre der traditionelle Schäfflertanz aufgeführt. Laut Überlieferungen geht der Brauch zurück bis ins Jahr 1517: Da wütete in München die schreckliche Pest. Ein Großteil der Münchner Einwohner war bereits gestorben, als der „schwarze Tod“ langsam davonzog. Trotzdem hatten die Überlebenden noch große Angst. Erst als die mutigen Schäffler fröhlich tanzend durch die Straßen zogen, trauten sich die Leute, ihre Häuser wieder zu öffnen und auf die Straße zu gehen.

Halte die Augen auf! Die Schäffler begegnen dir an Hausecken, beim Glockenspiel im Rathausturm, in Straßennamen …

Die Bierbeschauer

Die „Bierbeschau“ nannte man früher die Güteprüfung des frisch gebrauten Biers. Und die „Bierbeschauer“ waren die Prüfer. Die Bierbeschau fand im Hofbräuhaus statt. Dort setzten sich die Bierbeschauer in hirschledernen Hosen auf eine mit Bier begossene Bank. Jetzt durften sie eine ganze Stunde lang Bier trinken, aber sich dabei nicht vom Fleck rühren. Als die Stunde vorüber war, mussten alle auf Kommando gleichzeitig aufstehen. Blieb die Bierbank am Hosenboden kleben und wurde mit hoch gezogen, so war das Bier gut und kräftig. Erreichten die Bierbeschauer mit der Bank am Hosenboden sogar die Eingangstür, so war das Bier erster Güte.

Das Reinheitsgebot wurde bereits 1487 von Herzog Albrecht IV. erlassen.

Münchner Sammelsurium

Die Münchner Weißwurst

Ihre Entstehung verdankt die Weißwurst dem berühmten Wirt und Metzger Sepp Moser. Ausgerechnet am Faschingssonntag 1857 gingen dem Moser Sepp in seiner Wirtschaft „Zum ewigen Licht“ die Bratwürste aus. Da begann er zu improvisieren. Er nahm dickere Därme, mischte dem Brät weitere Zutaten unter, probierte es mit Brühen statt Braten – und fertig war die heute weltbekannte Weißwurst.

Die Geburtsstätte der Weißwurst findest du am Marienplatz Nr. 20.

Das Oktoberfest

Das erste Oktoberfest fand am 17. Oktober 1810 statt. Auf einer Wiese vor der Stadt wurde die glanzvolle Hochzeit des Kronprinzen Ludwig (dem späteren König Ludwig I.) und der Prinzessin Therese von Sachsen-Hildburghausen gefeiert. Das Fest dauerte mehrere Tage, und zur Unterhaltung gab es ein Pferderennen und viele andere Attraktionen. Zu Ehren der Braut wurde diese „Wiesn“ von da an „Theresienwiese“ genannt und die jährlich wiederkehrenden Feierlichkeiten zum Hochzeitstag entwickelten sich im Laufe der Zeit zum größten Volksfest der Welt.

Die Entstehung der Brezn

Die heißgeliebte Brezn ist eine Erfindung der Mönche. Sie suchten einst nach einer „frommen“ Speise, die die harte Fastenzeit erleichtern konnte und dennoch erlaubt war. So erfanden sie die Brezn – wie der Münchner sagt. Sie legten eine dünne Teigrolle in die Form „beim Gebet gekreuzter Arme“ und tauchten sie vor dem Backen in Natronlauge und Salz. Obendrein symbolisiert die Dreiteilung die „Heilige Dreifaltigkeit“. Gegen solch ein „frommes“ Gebäck konnte natürlich niemand Einwände erheben.

München-Quiz für München-Profis

1. Wie heißt der Schutzheilige von München?
2. Wie heißt Münchens älteste Kirche?
3. Welcher Kurfürst hatte den Spitznamen „Scheusal aus der Pfalz“?
4. Wie hieß der Baumeister der Frauenkirche und des Alten Rathauses?
5. Wie nennt man die Turmspitzen der Frauenkirche?
6. Wer hat München gegründet?
7. Was ist der Bürgersaal?
8. Wer machte nach der Pest mit einem fröhlichen Tanz den Münchnern wieder Mut?
9. Was zeigt Münchens Stadtwappen?
10. Wie heißt der berühmte Künstler, der den Petrus in der Peterskirche geschaffen hat?
11. Mit wem hat sich Heinrich der Löwe um die Zoll-, Münz- und Marktrechte gestritten?

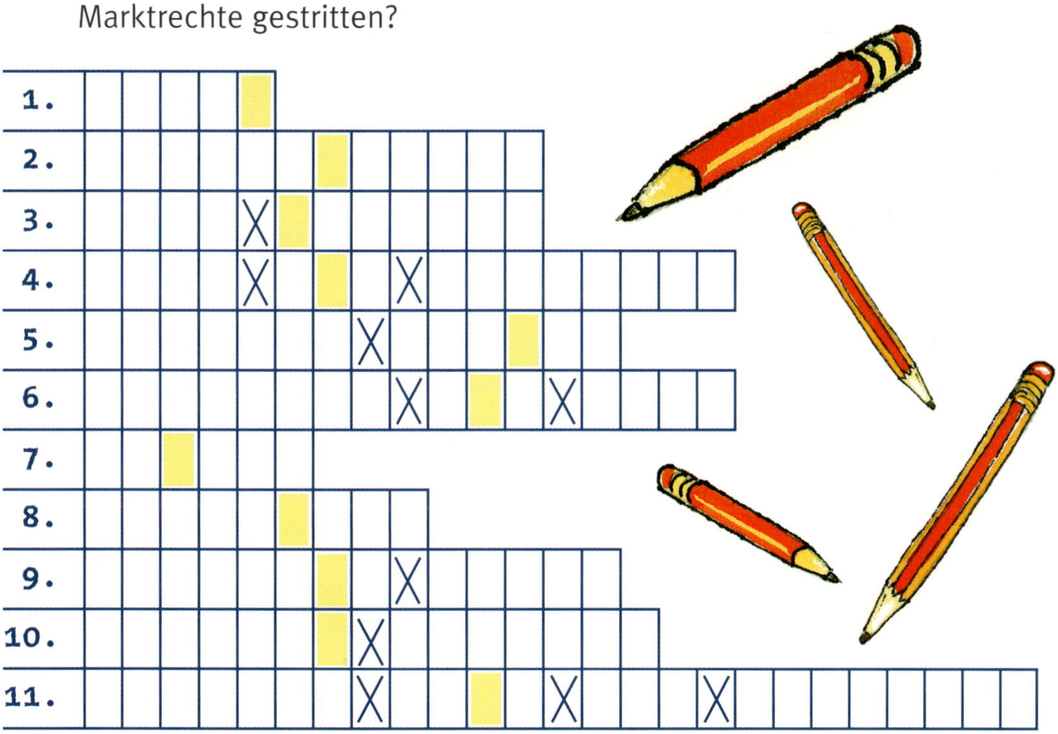

Lösungswort: _ _ _ _ _ _ _ _ _ _ _ _

Lösungen

Stadtrallye

1. **Münchner Kindl**
2. Im **2**. Stock
3. **Siegestor, Peterskirche, Frauenkirche**
4. **Spielzeugmuseum**
5. **Julia**
6. **8** Uhren
7. **306** Stufen
8. **Stasi und Blasi** (Anastasia und Blasius)
9. **Welsche Hauben**
10. **Fisch und Schlüssel**
11. **7165** Pfeifen
12. **Schönen Turm**
13. **Zwei Handelsschiffe**
14. **Finessen Sepperl**
15. **Neuhauser Tor**

München-Quiz für München-Profis

1.	B	E	N	N	O																				
2.	P	E	T	E	R	S	K	I	R	C	H	E													
3.	K	A	R	L	X	T	H	E	O	D	O	R													
4.	J	Ö	R	G	X	V	O	N	X	H	A	L	S	B	A	C	H								
5.	W	E	L	S	C	H	E	X	H	A	U	B	E	N											
6.	H	E	I	N	R	I	C	H	X	D	E	R	X	L	Ö	W	E								
7.	K	I	R	C	H	E																			
8.	S	C	H	Ä	F	F	L	E	R																
9.	M	Ü	N	C	H	N	E	R	X	K	I	N	D	L											
10.	E	R	A	S	M	U	S	X	G	R	A	S	S	E	R										
11.	B	I	S	C	H	O	F	X	O	T	T	O	X	V	O	N	X	F	R	E	I	S	I	N	G

Lösungswort: OKTOBERFEST